¿Qué fue la expedición de Lewis y Clark?

Judith St. George
Ilustraciones de Tim Foley

loqueleo

SANTILLANA USA

*Para Chance. Feliz viaje adonde quiera que vayas, con amor
y los mejores deseos de tu abuela Judith.*
J.S.G.

loqueleo

Título original: *What Was the Lewis and Clark Expedition?*
© Del texto: 2014, Judith St. George
© De las ilustraciones: 2014, Penguin Group (USA) LLC.
Todos los derechos reservados.

Publicado en español con la autorización de Grosset & Dunlap, un sello de Penguin Young
Readers Group, una división de Penguin Random House LLC.
Who HQ™ y todos los logos relacionados son marcas registradas de Penguin Random
House LLC.

© 2019, Vista Higher Learning, Inc.
500 Boylston Street, Suite 620.
Boston, MA 02116-3736
www.vistahigherlearning.com
www.loqueleo.com

Dirección editorial: Isabel C. Mendoza
Coordinación de montaje: Claudia Baca
Servicios editoriales de traducción por Cambridge BrickHouse, Inc.
www.cambridgebh.com

Loqueleo es un sello de **Santillana**. Estas son sus sedes:
ARGENTINA, BOLIVIA, BRASIL, CHILE, COLOMBIA, COSTA RICA, ECUADOR, EL SALVADOR,
ESPAÑA, ESTADOS UNIDOS, GUATEMALA, MÉXICO, PANAMÁ, PARAGUAY, PERÚ, PORTUGAL,
PUERTO RICO, REPÚBLICA DOMINICANA, URUGUAY Y VENEZUELA.

¿Qué fue la expedición de Lewis y Clark?
ISBN: 978-1-631-13415-9

Published in the United States of America.
Printed in USA.

1 2 3 4 5 6 7 8 9 GP 24 23 22 21 20 19

Índice

¿Qué fue la expedición de Lewis y Clark?

En los libros de historia siempre van juntos los nombres de dos personas: Meriwether Lewis y William Clark. Sus nombres podrían formar perfectamente una sola palabra: Lewis y Clark. Los dos hombres tenían mucho en común. Ambos eran de Virginia. Ambos prestaron servicio en el Ejército de EE. UU. a fines del siglo XVIII, y allí se hicieron amigos. Los dos eran inteligentes y valientes. Habían nacido para ser líderes y eran experimentados leñadores que podían sobrevivir en el bosque. Pero sus nombres están asociados porque juntos capitanearon un famoso viaje por los bosques de Norteamérica. Realizaron un viaje de dos años desde el Medio Oeste hasta la costa del océano Pacífico, ida y vuelta. Ese viaje se conoce como la expedición de Lewis y Clark.

En 1801, cuando Tomás Jefferson se convirtió en el tercer presidente de EE. UU., el país estaba formado por diecisiete estados.

Hacia el oeste, el país llegaba solo hasta el río Mississippi. En 1803, Estados Unidos le pagó a Francia quince millones de dólares por una gran parcela de tierra de 828,000 millas cuadradas en el Oeste. El terreno, conocido como la Compra de Luisiana, ¡tenía más del doble del tamaño de Estados Unidos! Con el tiempo, ese terreno se convertiría en los estados de Arkansas, Missouri, Iowa, Oklahoma, Kansas, Nebraska y parte de Minesota, Dakota de Norte, Dakota del Sur, Montana, Wyoming, Colorado, Nuevo México y Luisiana.

El presidente Jefferson pensaba que el futuro de Estados Unidos estaba en el Oeste. Y ahora que tenía tanta tierra, quería explorarla. Esperaba encontrar una vía fluvial que atravesara Norteamérica hasta el océano Pacífico. Quería aprender sobre el estilo de vida de las tribus indígenas del Oeste. Otro de sus objetivos era controlar el próspero comercio

de pieles del Oeste. ¿Qué hizo entonces Jefferson? Organizó un grupo de exploradores para que hicieran un viaje por río a través de Norteamérica. Nadie se imaginó lo que iban a encontrar.

Tomás Jefferson

Tomás Jefferson nació en Shadwell, Virginia, el 13 de abril de 1743. A los veintiséis años, después de morir su padre, recibió una gran finca y allí construyó una casa llamada Monticello. Jefferson era dueño de aproximadamente doscientos esclavos, y vivió en Monticello casi toda su vida, excepto los años en que vivió en París y sus ocho años en la Casa Blanca. A los veintiocho años, se casó

con Martha Wayles Skelton. Vivieron felices hasta que ella murió diez años más tarde. Aunque Martha había tenido seis hijos, solo dos hijas llegaron a la adultez.

Como miembro del Segundo Congreso Continental, Jefferson escribió un documento que hasta el día de hoy es admirado y respetado: la Declaración de Independencia. Después de que las trece colonias se convirtieron en Estados Unidos de América, Jefferson se desempeñó como secretario de estado de su vecino de Virginia George Washington, el primer presidente. En 1796, fue vicepresidente bajo el mandato del segundo presidente, su viejo amigo John Adams. Cuatro años más tarde fue elegido como el tercer presidente de Estados Unidos por dos mandatos, de 1801 a 1809. Uno de sus logros más importantes fue la Compra de Luisiana. Tomás Jefferson murió el mismo día que John Adams: el 4 de Julio de 1826, el 50 aniversario de la firma de la Declaración de Independencia.

Capítulo 1
Los capitanes

Sin perder tiempo, el presidente Jefferson organizó el viaje al Oeste. En 1803 escogió a Meriwether Lewis, su secretario, para comandar lo que llamaron el Viaje del Descubrimiento. Los exploradores que iban a ir con Lewis serían el Cuerpo del Descubrimiento. Lewis le pidió a William Clark, un viejo amigo de su época en el ejército, que comandara con él la expedición. Clark aceptó entusiasmado.

Estos hombres tenían personalidades muy diferentes. Lewis tenía más estudios. Tendía a estar de mal humor, pensativo y preocupado. Lewis no era científico pero se preparó para el viaje leyendo libros de la biblioteca de Tomás Jefferson. Este había hecho que Lewis estudiara matemáticas, topografía, cartografía, fósiles, anatomía, historia natural, astronomía, botánica, medicina y todo lo que podía ser útil para el viaje.

El pelirrojo Clark era más bien un hombre de acción. Tenía carácter, pero era amable, agradable, optimista y práctico. En casi todos los encuentros inesperados con los indígenas, se pudo relacionar bien con ellos. Cuando los indígenas necesitaban atención médica o consejos, siempre buscaban a "el pelirrojo".

Meriwether Lewis

Meriwether Lewis nació en el condado de Albemarle, Virginia. Su familia y la de Jefferson eran buenos amigos. Jefferson conocía a Meriwether desde que este nació, el 18 de agosto de 1774.

Después de prestar servicio en el ejército, Lewis pasó a ser el secretario del presidente Tomás Jefferson. Tuvo el honor de que el Presidente lo escogiera para dirigir el Cuerpo del Descubrimiento. Lewis siempre dijo que lo más importante que había hecho en su vida era el viaje por el salvaje Noroeste.

En octubre de 1809, camino a Washington, Lewis paró en una posada de Natchez, Tennessee. A la mañana siguiente lo encontraron muerto de un disparo. Nunca se supo si se suicidó o si lo asesinaron.

William Clark

William Clark nació en la parte central de Virginia, el 1.° de agosto de 1770. Poco después, la familia Clark se mudó a Louisville, Kentucky. En 1789 William se alistó en el ejército, y su regimiento protegió los asentamientos de Kentucky de los ataques indígenas.

En 1803, cuando recibió el ofrecimiento de Lewis para dirigir junto con él la expedición, Clark le respondió: "Amigo mío, te acompañaré con mis manos y con mi corazón". El gobierno premió a Clark con 1,600 acres de tierra y 1,228 dólares en pago por los dos años de servicio en el Cuerpo del Descubrimiento. En 1813 fue nombrado gobernador del Territorio de Missouri.

Al morir su segunda esposa, en 1831, William Clark se mudó a San Luis para vivir con su hijo mayor, Meriwether Lewis Clark. Murió allí el 1.° de septiembre de 1838.

Las diferentes personalidades de los dos capitanes lograban un balance perfecto. A pesar del peligro, el hambre y otras dificultades, los dos hombres siempre trabajaron juntos. En el Cuerpo nadie escuchó una discusión entre ambos. Con dos capitanes así no fue difícil reclutar soldados para el Cuerpo. Se registraron veintitrés soldados y tres sargentos del Ejército de Estados Unidos. También los acompañó York, un esclavo afroamericano de Clark. Seaman, el perro Terranova de Lewis, también viajó con ellos.

Jefferson les dijo a los dos capitanes que era muy importante llevar con cuidado los registros y hacer mapas de los viajes. Los capitanes luego deberían enviar informes y muestras de sus descubrimientos. Deberían escribir en sus diarios las descripciones de lo que veían y encontraban, como animales, plantas y minerales "que no se conocieran en Estados Unidos".

Lewis y Clark no se imaginaban lo que iban a encontrar. Las historias de esa época hablaban de una gran cordillera (las montañas Rocosas). ¿Podrían encontrarlas? ¿Y podrían regresar para contar que las habían visto?

Capítulo 2
Comienza el viaje

Jefferson quería que la expedición comenzara lo antes posible. Como la mayor parte del Viaje del Descubrimiento iba a ser por agua, construyeron una barca de cincuenta y cinco pies para los exploradores. Era una barca de vela con veinte remos, diez de cada lado.

Velero

ragua

Además de hombres, comida y suministros, también llevarían regalos para intercambiar con los indígenas que encontraran en el camino. Además, varias canoas y dos piraguas llevarían más hombres y suministros. Las piraguas eran botes de remo largos y con vela. Una de las piraguas tenía una vela roja y la otra, una vela blanca.

La primera base de la expedición estaba en el lado opuesto del asentamiento de San Luis, donde se encuentran los ríos Mississippi y Missouri. Allí esperarían el invierno.

En la primavera de 1804, todos estaban ansiosos por comenzar, incluido Lewis. Pero antes, él debía salir del campamento para buscar suministros y comida. Los hombres tenían que llevar todo

lo necesario excepto carne, que la conseguirían cazando, y pescado, que lo obtendrían en los ríos.

Como no tenían mapas, Lewis compró instrumentos de topografía: un compás, un cuadrante y un sextante. También compró ropa para todos sus hombres: abrigos, impermeables, overoles, camisetas y medias. Pero Lewis sabía que toda esa ropa se les iba a desgastar rápido en las zonas silvestres. Cuando eso ocurriera, tendrían que hacer ropa con piel de animales, y para

eso tendrían que cazar animales salvajes. Por eso compró armas y municiones. Las armas también eran necesarias en caso de que tuvieran que luchar contra tribus hostiles, aunque Jefferson les ordenó a los exploradores que hicieran lo posible por mantener un trato amistoso con los indígenas.

Lewis decidió que el Cuerpo llevara la cantidad militar estándar de alcohol para beber y casi 200 libras de sopa deshidratada, conocida como "sopa portátil", que se podría tomar en caso de emergencia. En cuanto a la comida, Lewis se aseguró de que tuvieran 3,400 libras de harina, 560 libras de bizcochos y 750 libras de sal, además de café, guisantes, frijoles, azúcar, manteca y velas. En su diario, Lewis anotó la compra de ollas, hachas, taladros, limas y otras "herramientas de todo tipo". También empacó cientos de libras de objetos para intercambiar con los indígenas que encontraran en el camino, como cuentas de vidrio de colores, cintas, agujas, cuchillos, mantas, tabaco, aros para la nariz y las orejas, y docenas de otros artículos que pudieran llamar la atención de los indígenas. Siguiendo el consejo de un renombrado médico de Filadelfia, Lewis también empacó medicinas.

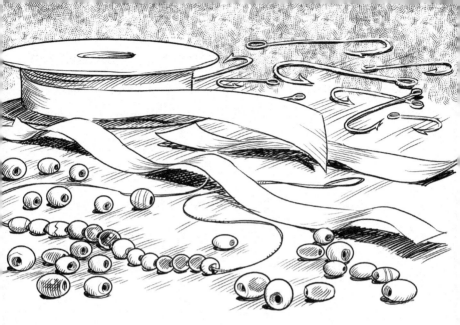

Por último, Lewis ordenó que se construyera un bote de cuarenta pies de largo, casi todo de hierro. El armazón de cuarenta y cuatro libras podría ser llevado por tierra. Más tarde lo cubrirían con pieles o corteza de árboles. Lewis escribió con gran orgullo acerca del bote de hierro: "Es mucho más fuerte... llevará la carga con facilidad y mayor seguridad; y cuando le quitemos la corteza y la madera quedará mucho más liviano y lo podremos llevar con mayor seguridad y facilidad".

El Congreso había garantizado 2,500 dólares para los suministros y la comida de la expedición. Lewis compró todo lo necesario por menos de 2,000 dólares. Aunque Lewis no había terminado de comprar las cosas, Clark comenzó la expedición. Clark y el

Cuerpo empacaron y salieron con gran entusiasmo. En su diario, Lewis escribió que Clark le había avisado de su partida. Los habitantes de la zona fueron a despedirlos y desearles buena suerte y buen viaje: "a las 4 p. m. del lunes 14 de mayo de 1804, Clark embarcó con su grupo en presencia de un número de vecinos que habían llegado para ser testigos de su partida".

Sin duda, todos tenían miedo. ¿Con qué tipo de indígenas se encontrarían? ¿Serían hostiles o amables? ¿Qué animales peligrosos habría? ¿Conseguirían suficientes presas para comer y sobrevivir? ¿Cuánto tiempo pasaría antes de que volvieran a ver a sus familias?

Clark y su grupo se dirigieron hacia el oeste, a la desembocadura del río Missouri. Una semana después, Lewis los alcanzó con todo lo que había comprado.

Enseguida, el Cuerpo se dio cuenta de que viajar por el río no era fácil. Los bancos de arena, obstáculos y rápidos los obligaban a ir despacio. Si chocaban contra un tronco, la piragua o la canoa podría romperse. Algunas veces, recorrían solamente una milla en una hora.

Lluvia, lluvia y más lluvia, mucho calor y nubes de mosquitos. Todo eso los hacía sentir muy incómodos, incluso a Seaman, el perro de Lewis.

En sus diarios, Lewis y Clark se quejaban constantemente de los mosquitos:

"Hay muchos mosquitos y garrapatas dañinos".

"Los mosquitos siguen siendo un problema".

"Los mosquitos siguen infestando el lugar donde estamos y casi no los podemos resistir..."

"... hasta mi perro aúlla cuando los mosquitos lo torturan..."

"... son tantos que se nos meten en la garganta cuando respiramos".

También había momentos de diversión y camaradería. El 18 de agosto, amarraron los botes a orillas del río Missouri para celebrar el cumpleaños número treinta de Meriwether Lewis. Bailaron hasta entrada la noche. Clark escribió: "Cumpleaños del Cap. L. La noche terminó con un baile hasta las once de la noche".

Uno de los sargentos se perdió la celebración. "El sargento Floyd está muy mal", escribió Clark en su diario. "Cada vez empeora más. Estamos muy preocupados por su situación".

Floyd tenía apendicitis. Al no recibir atención médica, el 20 de agosto de 1804, Floyd murió. Fue enterrado en una colina con vista al río Missouri a la que los exploradores llamaron Risco de Floyd. Charles Floyd fue la única persona que murió durante la expedición.

Capítulo 3
Llega el invierno

Una muerte a tan poco tiempo de haber iniciado el viaje debió de haber preocupado a Lewis y Clark, pero no tenían otra opción que seguir viajando por el río hacia el norte. Desde fines de julio hasta principios de noviembre se encontraron con muchas tribus indígenas, la mayoría amables. Lewis y Clark fumaron la pipa de la paz con los indígenas. Además les dieron a los caciques unas medallas de Jefferson. A los indígenas les encantaban, en especial, las cuentas de vidrio azules. Quedaron fascinados con York, el esclavo de Clark. Pensaron que su piel oscura afroamericana estaba pintada y trataron de quitarle la pintura frotándolo.

De todas las tribus que encontraron, los sioux teton fueron los más hostiles. Sin embargo, estos también estuvieron dispuestos a dialogar con Lewis y Clark. Al fin, los sioux teton le permitieron al Cuerpo continuar su viaje.

El invierno llegó. Para fines de noviembre de 1804, habían viajado 1,600 millas desde San Luis. Todavía faltaban 1,000 millas para llegar al océano Pacífico. Nevaba, y el río Missouri estaba congelado. Era el momento de que los exploradores construyeran su base para el invierno. Entre todos construyeron un fuerte a orillas del río Missouri, cerca de varias aldeas indígenas.

Levantaron el fuerte muy rápido. Tenía dos hileras de cabañas hechas con troncos, un cobertizo para

usar como depósito, un horno para ahumar las carnes y una garita. Un muro de dieciocho pies de alto, hecho con troncos de punta filosa estacados, bordeaba el edificio. "Lo llamamos fuerte Mandan, en honor a nuestros amables vecinos", escribió Lewis.

Los amables vecinos no solo eran los indígenas de la tribu mandan sino también los minnetarees. Los indígenas visitaron el fuerte y le dieron la bienvenida al Cuerpo en sus chozas. Estas eran construcciones grandes, redondas y con cúpula, hechas con tierra y

pieles. Lewis y Clark le escribieron a Jefferson para describir el estilo de vida de los indígenas.

El invierno de 1804–1805 fue muy duro. Las temperaturas llegaron a bajar hasta cuarenta grados bajo cero. Sobre el río Missouri se veían manadas de bisontes caminando sobre las aguas congeladas, sin romper el hielo.

En Navidad y Año Nuevo, casi todos los hombres estaban nostálgicos. No recibían cartas ni regalos de sus familias. Sin embargo, intercambiaron regalos, comieron, bebieron y bailaron.

Ese invierno, dos personas más se unieron al Cuerpo. Un buen día, un mercader de pieles llamado Toussaint Charbonneau y su joven esposa indígena aparecieron en el Fuerte. Charbonneau sabía comunicarse en lenguaje de señas y muchos idiomas indígenas. Lewis y Clark lo convencieron de unirse al Cuerpo como traductor. Su esposa también iría con ellos. Se llamaba Sacagawea.

Sacagawea iba a tener un bebé y pertenecía a la tribu de los shoshones. Los shoshones eran famosos porque poseían una gran cantidad de caballos. Lewis y Clark sabían que el Cuerpo iba a necesitar caballos para cruzar las montañas Brillantes (Rocosas). Pero Charbonneau no hablaba la lengua shoshoni. El Cuerpo iba a depender de Sacagawea para negociar un trueque con los shoshones y conseguir los caballos que les hacían falta.

Capítulo 4
Sacagawea

El 11 de febrero de 1805, Sacagawea dio a luz a un niño saludable. Su padre lo llamó Jean Baptiste pero Clark le dio el nombre de Pompy, que significaba "pequeño cacique" en la lengua shoshoni. Desde entonces, todos lo llamaron Pompy o Pomp. Tener a un bebé cerca hacía que todos los hombres se sintieran en un ambiente familiar.

Igual que los exploradores, Sacagawea estaba lejos de su hogar. Una patrulla minnetaree la había capturado de niña, mientras recogía bayas con otras mujeres y niños shoshones.

Durante cinco años fue esclava de los minnetaree a orillas del río Missouri, a cientos de millas de su hogar. Los minnetaree la llamaron *Sacagawea,* que significa "mujer pájaro". A los dieciséis años, Toussaint Charbonneau, que era veinte años mayor, la tomó por esposa. Al casarse, Sacagawea dejaba de ser esclava de los minnetaree. Pero su esposo no hablaba shoshoni y ella no hablaba francés. Para comunicarse, hablaban en minnetaree, lengua que los dos sabían. Un año después de su casamiento, se encontraron con el Cuerpo.

Cuando Sacagawea se enteró de que Lewis y Clark querían los caballos de los shoshones, se entusiasmó mucho. Eso significaba que regresaría a casa. ¡A su hogar!

Por fin llegó la primavera. Empezaron los preparativos para continuar el viaje. Para iniciar su primer viaje largo, Sacagawea se puso su mejor ropa: polainas de piel de venado, mocasines, trenzas decoradas con dientes de alce y un cinto de cuentas azules. También llevaba pulseras, pendientes y anillos. Pensaba volver a usar esa ropa elegante cuando llegaran a la tierra de los shoshones. Volvería a ver a su familia y amigos después de mucho tiempo.

Capítulo 5
¡Vámonos!

El 7 de abril de 1805, siete soldados, cinco barqueros y un guía indígena regresaron por el río Missouri en la barca. Iban a llevarles una carga al presidente Jefferson y su equipo de científicos. Serían las primeras noticias de la expedición. A bordo había informes, cartas, mapas, tablas, piedras, plantas, batas de piel, herramientas y armas de los indígenas, así como esqueletos, astas y cuernos de

animales. También lleva-
ban un perrito de las
praderas y una urraca
vivos. En el Este, nadie
conocía estos animales.

El mismo día, treinta y tres hombres del Cuerpo abordaron la piragua roja y seis canoas que habían construido durante el invierno. Sacagawea, su espo-so, Pomp y algunos hombres del Cuerpo subieron a la piragua blanca. Abandonaron el fuerte Mandan y continuaron hacia el oeste por el río Missouri.

Un día una ráfaga de viento sacudió la piragua de un lado al otro. Rápidamente, Sacagawea sacó a Pomp de las cobijas que le servían de cuna y se lo dio a su esposo. Sabía qué debía hacer. Los papeles, cartas, diarios, medicinas e instrumentos habían caído al agua. Por suerte, todo estaba en bolsas selladas.

Sacagawea sabía que aquellas bolsas eran importantes para Lewis y Clark. Agarró todas las que estaban flotando. Puso todo a salvo. Fue una de las tantas veces que Sacagawea probó su importancia en el Cuerpo. Lewis felicitó a Sacagawea por su valentía y por pensar con la cabeza fría.

Osos pardos

Los osos pardos eran otro peligro. Eran un enemigo nuevo y temible. Los machos adultos podían pesar hasta mil libras. Cuando se paraban en dos patas medían más de seis pies de altura. Algunas de sus huellas tenían casi un pie de largo. Estos osos de color café rojizo no se parecían

en nada a los osos que el Cuerpo había encontrado en el Este. Los indígenas llamaban a estos animales osos blancos, porque su pelaje tenía las puntas plateadas. Cuando los indígenas cazaban estos osos, se vestían y pintaban para la guerra.

Una vez, un hombre del Cuerpo se aterrorizó, disparó e hirió a un oso pardo que luego lo persiguió por media milla. Por suerte, el soldado se salvó cuando Lewis mató al oso de un disparo en la cabeza. La única manera de matar a un oso pardo es con un disparo en la cabeza o el corazón.

En otra ocasión, seis soldados vieron un oso macho adulto. Le dieron dos disparos en los pulmones, y el oso atacó. El animal herido recibió dos disparos más, pero seguía avanzando. Dos soldados saltaron al río para escaparse del enfurecido oso. El oso también saltó y los persiguió nadando. Cuando casi había alcanzado a los soldados, otro hombre disparó desde la orilla y lo mató.

En su diario, Lewis resumió sus ideas así: "Yo... hubiera peleado contra dos indígenas antes que contra un oso".

Capítulo 6
Un viaje por los ríos

El Cuerpo continuó hacia el oeste, siempre en alerta por si había osos pardos, hasta la unión de los ríos Missouri y Yellowstone. Los exploradores sabían que el Yellowstone los llevaría al río Columbia y este, al océano Pacífico. Era un punto importante. Para celebrar, uno de los hombres tocó el violín y los soldados bailaron.

Cinco semanas después, llegaron a otra bifurcación del río. Esta vez no estaban seguros de qué
dirección tomar. Si tomaban la ruta equivocada ter-
minarían en medio de territorio salvaje. Si elegían el
camino correcto llegarían al río Yellowstone.

Mientras los soldados descansaban, Lewis y Clark
exploraron la bifurcación. Sus hombres tenían que
descansar. Todos tenían hambre pero había pocos
animales. Casi todos los hombres estaban resfria-
dos, con fiebre y con forúnculos. Había llovido por
días. Los mosquitos los torturaban. Las espinas de
los cactus habían atravesado sus mocasines y les habían herido los pies.

Después de cinco días de exploración, Lewis y Clark decidieron que debían seguir hacia el sur. Era la decisión correcta. El Cuerpo escondió la piragua roja y enterró comida seca, suministros y pólvora en un foso llamado "el escondite". Buscarían esas cosas en su viaje de regreso.

El 10 de junio de 1805, Lewis y cuatro hombres más se dirigieron a las Grandes Cataratas. Podían escuchar el estruendo de la caída del agua a siete millas de distancia. El río Missouri presentaba una cascada tras otra, sumando cinco cascadas. Algunas tenían seiscientos pies de altura. En su diario, Lewis escribió que las Grandes Cataratas eran "el mejor paisaje que he visto en mi vida".

Seis días después, Clark y los hombres del Cuerpo se encontraron con Lewis en las Grandes Cataratas. Allí escondieron la piragua blanca y enterraron las cosas que no necesitarían hasta el viaje de regreso.

Las cataratas eran imponentes. Cruzarlas era una tarea difícil. Tenían que cargar botes, equipaje y suministros por los escarpados senderos que las rodeaban.

La caminata de dieciocho millas duró 11 días. Las espinas de los cactus les hacían sangrar los pies. La lluvia y el granizo los golpeaban. Las serpientes acechaban entre las rocas. Los osos pardos estaban más fieros que nunca.

La canoa especial de hierro que Lewis había llevado a las Grandes Cataratas no sirvió de nada. Después de un viento muy fuerte, casi todas las pieles y ramas que forraban la canoa de hierro se desprendieron. Se suponía que la canoa debía llevar 7,700 libras de carga. Sin embargo, le entraba tanta agua que Lewis tuvo que escribir con tristeza: "Yo... ordené que la hundieran... y me despedí de mi canoa".

Una tarde, Clark, Charbonneau, y Sacagawea con Pomp, salieron a caminar por los alrededores de las cataratas. Sacagawea había estado muy enferma, a punto de morir, y acababa de recuperarse.

De repente, una nube tormentosa los cubrió. Buscaron refugio en un barranco. Sobre ellos había una roca saliente que los protegía de los trozos de granizo, que eran del tamaño de una manzana. Pero no estaban a salvo todavía. Un torrente repentino venía hacia ellos.

Clark ayudó a Charbonneau y a Sacagawea, que cargaba a Pomp, a escalar la ladera lodosa que estaba detrás de las cascadas. Él también luchaba para ponerse a salvo. Lo lograron justo a tiempo.

Las aguas del torrente que bajaba por el barranco tenían quince pies de alto. Perdieron sus cosas, pero Clark les salvó la vida. Aún le preocupaba Sacagawea, a quien llamaba Janey. Tenía frío y estaba empapada. Pero era joven y fuerte, y sobrevivió.

Capítulo 7
De vuelta a casa

A finales de julio de 1805, Sacagawea reconoció el lugar donde se encontraban. Era el sitio donde el guerrero minnetaree la había capturado. El Cuerpo siguió avanzando hasta llegar a Three Forks, Montana, en la confluencia de tres ríos donde nace el río Missouri. Hasta entonces, habían recorrido dos mil millas por este río. Estaban cerca de las montañas Rocosas.

Durante una semana viajaron por una de las tres corrientes, a la que llamaron río Jefferson. Allí, Sacagawea vio una choza destruida en un campamento shoshone abandonado. Ella sabía que su tribu había estado en ese lugar. Lewis y tres de sus hombres partieron en busca de los shoshones.

Los días pasaban pero nadie regresaba. Todos estaban preocupados.

El 17 de agosto de 1805, Clark, Charbonneau y Sacagawea, que llevaba a Pomp, iban caminando por la orilla del río, cuando dos jinetes se acercaron. Un jinete era el hombre del Cuerpo que había salido con Lewis días antes. El otro era un indígena shoshone. ¡Lewis y sus hombres habían encontrado a los shoshones!

Era hora de ponerse a trabajar. Ya reunidos Lewis y Clark, sus hombres comenzaron a construir un campamento al lado del río Beaverhead, llamado Campamento de la Suerte. Lo llamaron así por la buena suerte de haber hallado al pueblo de los shoshones.

Hay que recordar que Sacagawea fue de gran ayuda. Lewis y Clark le pedían que tradujera cuando se reunían con los shoshones. En la primera reunión todos estaban sentados en círculo a la sombra de la vela de una piragua. Cuando el jefe shoshone habló por primera vez, Sacagawea jadeó.

Conocía esa voz. El jefe era Cameahwait, ¡su hermano! Ella se levantó y lo abrazó. Los dos lloraron de alegría. Una vez que Sacagawea recuperó el

aliento, tradujo para los hombres del Cuerpo. Estos intercambiaron dijes, medallas, armas y municiones por nueve caballos y una mula de los shoshones. El trato se cerró. Ahora el Cuerpo podía cruzar las montañas Rocosas. Enterraron sus suministros y hundieron las canoas en una de las bifurcaciones del río Jefferson. Esas cosas quedarían allí hasta que regresaran.

El 30 de agosto de 1805, Sacagawea se despidió, con tristeza, de su hermano y del pueblo shoshone. ¿Se querría quedar? Probablemente, pero jamás se quejó por haber seguido el viaje. Ahora era esposa y madre. Su vida estaba enfocada en Pompy y Charbonneau. Además, se iban para las Grandes Aguas (el océano) que siempre había deseado ver.

Cameahwait le ordenó a un hombre shoshone, el Viejo Toby, y a sus cuatro hijos que guiaran al Cuerpo por el sendero Lolo hasta las escabrosas montañas Bitterroot, en las montañas Rocosas. El viaje hasta las Bitterroot por el pasaje Lemhi había sido tan difícil que todos se alegraron al saber que tendrían guías.

La divisoria continental

Los cartógrafos suelen trazar una línea para mostrar la divisoria continental indicada por la cima de las montañas Rocosas. Se llama divisoria porque divide los estados del este de los del oeste. Cuando las lluvias y la nieve

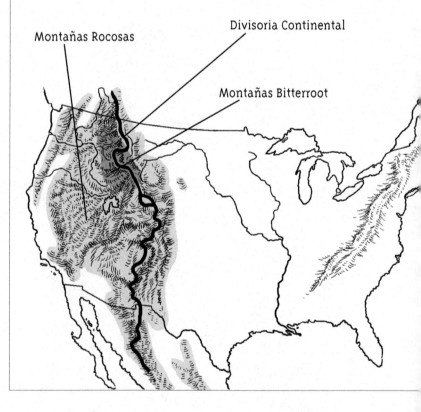

derretida aumentan el caudal de los ríos que están al este de la divisoria continental, estos ríos corren hacia el este, hasta el océano Atlántico o el Golfo de México. Cuando se aumenta el caudal de los ríos que están al oeste de la divisoria continental, estos corren hacia el oeste, hasta el océano Pacífico.

Dentro de las Bitterroot hay otras cordilleras más pequeñas. De hecho, las Bitterroot son parte de las montañas Rocosas, formadas por las cordilleras Coeur d'Álène en el Noroeste, Saint Joe (la parte más pequeña), Beaverhead y Bitterroot. Estas últimas, formadas por las cordilleras Norte y Central.

Cualquier paso por la divisoria continental era un problema para el Cuerpo. Decidieron entonces cruzar el sendero Lolo. Descansaron un día y continuaron el viaje. Primero llovió y luego cayó granizo, seguido de nieve. El agua era lodosa. A siete mil pies sobre el nivel del mar, se sentía la falta de aire. Era difícil respirar y todos tenían hambre. Las rocas filosas lastimaban tanto las patas de los caballos que no se podían montar.

A causa de la nieve, el sendero Lolo del pasaje de las Bitterroot no se distinguía bien. Cada vez era más difícil seguir. Hacía mucho frío. El Viejo Toby, el guía shoshone, se perdió y los desvió tres millas. Los caballos se resbalaban y caían por el sendero nevado.

El 16 de septiembre, el Cuerpo del Descubrimiento se enfrentó a una tormenta de nieve. Tenían los pies congelados y tuvieron que envolvérselos con trapos. Estaban hambrientos.

Clark escribió: "Todo el tiempo estamos cubiertos de nieve. Nunca en mi vida había estado tan mojado y sentido tanto frío; incluso una vez llegué a temer que mis pies se congelaran dentro de los ligeros mocasines que tenía puestos".

A pesar del frío, Clark y seis de sus hombres salieron a cazar. Por suerte se encontraron con unos indígenas walla walla que fueron generosos y les dieron de comer, además de darles comida para llevarles a los demás.

El cruce del sendero Lolo fue una de las peores experiencias del viaje. Pero para fines de septiembre, las montañas Bitterroot quedaron atrás. Habían logrado cruzar. Se sentían orgullosos.

Antes de embarcarse por el río Clearwater, construyeron cinco canoas. Aún faltaban cientos de millas por recorrer.

Había rumores sobre tribus hostiles. Pero solo se encontraron con indígenas amigables que pescaban salmones en el río Clearwater. Al ver a Sacagawea y Pomp, los indígenas se dieron cuenta de que los hombres blancos eran pacíficos. Clark escribió: "Nunca hay mujeres en los ejércitos de los indígenas".

A mediados de octubre, salieron del río Clearwater y tomaron el río Snake, guiados por dos caciques de la tribu nez percé. Los caciques les dijeron a Lewis y Clark que el trayecto que les faltaba para llegar a las Grandes Aguas sería solo por río. También les dijeron que podían dejar los caballos con ellos. La tribu los cuidaría hasta que el Cuerpo regresara para volver a cruzar las montañas Rocosas. Lewis y Clark confiaron en los nez percé y dejaron todos sus caballos con la tribu.

El Cuerpo continuó por el río Snake durante una semana, luchando contra rápidos furiosos, canoas rotas, agua que entraba en las canoas y equipaje mojado. Cada vez que las canoas se volteaban, perdían pólvora, papeles, comida y ropa. Los hambrientos hombres del Cuerpo sobrevivían a punta de guisos de carne de perro; todos menos Sacagawea. Los shoshones no comían carne de perro.

Del río Snake pasaron al río Columbia. Allí celebraron. Jefferson les había dicho a Lewis y Clark

que las corrientes rápidas del Columbia los llevarían directamente al océano Pacífico. Sin embargo, el viaje aún era difícil. El Cuerpo debía luchar contra rápidos espumosos, cascadas, canales angostos y remolinos. Pronto llegaron a un lugar llamado Beacon Rock. Aunque estaban a cien millas del Pacífico, el agua del río sabía casi tan salada como el agua de mar.

Los fuertes ventarrones trajeron lluvia y granizo por varios días. Hubo neblina. Las mareas estaban cada vez más altas. Las olas golpeaban a los hombres. Casi todos estaban mareados.

Por fin, cincuenta y cinco millas más adelante, el río se volvió fácil de navegar. El 10 de noviembre de 1805, Lewis y Clark se detuvieron para montar un campamento. Después de once días de lluvia continua, llamaron a su campamento Punto Angustia.

Cuando el cielo volvió a aclarar, el Cuerpo continuó por el río Columbia. El 15 de noviembre, finalmente, ¡vieron el océano Pacífico! Sus ropas eran harapos. Después de semanas de haber luchado contra las olas y caerse una y otra vez de las canoas, estaban agotados, mojados y sin ganas de celebrar... todos, menos Sacagawea. Estaba emocionada de ver las Grandes Aguas por primera vez.

Capítulo 8
Dentro y fuera del fuerte Clatsop

El 7 de diciembre de 1805, los hombres de Lewis y Clark empezaron a construir un fuerte para pasar el invierno. Había muchos alces para cazar, y los indígenas clatsops que vivían cerca les vendían comida. En honor a sus vecinos, Lewis y Clark le

pusieron a su nueva base el nombre de fuerte Clatsop. Lo construyeron como los otros fuertes, con
troncos apilados, cabañas y habitaciones separadas,
además de un área de reunión y otra de almacén.

El invierno de 1805-1806 fue largo, aburrido
y lluvioso. Todos los días, Lewis pasaba horas
escribiendo en su diario. Clark pasaba el tiempo
dibujando mapas. Sus hombres no tenían mucho
que hacer excepto cazar y hacer ropa y mocasines

con la piel de los alces. Ese invierno hicieron tres-
cientos pares de mocasines. ¿Por qué tantos? A la
fuerza habían aprendido que los mocasines duraban
pocos días.

Pero un día pasó algo que acabó con el aburri-
miento. En la playa apareció una ballena muerta.
Todos deseaban ver a la enorme criatura, también
Sacagawea. Lewis y Clark se prepararon para sacarle

la grasa y usarla para comer, además del aceite para cocinar. Pero los clatsops dijeron que la ballena era de ellos. Lewis y Clark trataron de negociar. A cambio de la grasa y el aceite, les dieron a los clatsops armas y municiones.

Otra cosa que rompió con el aburrimiento fue la llegada de los chinooks. Su cacique usaba una imponente bata de piel de nutria marina. En cuanto Lewis y Clark la vieron, les dieron deseos de tener una para ellos. El cacique les pidió cuentas azules a cambio. Las cuentas azules eran preciadas para los indígenas, y las llamaban "cuentas de cacique". Pero los exploradores ya habían intercambiado todas sus cuentas por comida y caballos. No les quedaba ninguna.

El cacique chinook no quería aceptar otra cosa que no fueran cuentas azules, hasta que vio el hermoso cinto azul que llevaba Sacagawea. El cacique señaló a Sacagawea y dejó claro que cambiaría su bata por el cinto.

Sacagawea adoraba su cinto. Pero sin decir nada se lo quitó y se lo dio al cacique chinook a cambio de la bata. Renunciar a algo que tenía mucho valor para ella era la forma de agradecerles a Lewis y Clark. La habían dejado viajar con ellos. Clark había salvado a Pompy, a su esposo y a ella de caer en las Grandes Cataratas. Ambos habían estado con ella cuando estuvo terriblemente enferma.

El resto del invierno fue gris, lluvioso y agotador. De los tres meses que pasaron en el fuerte Clatsop solo doce días no llovió. Los hombres habían llegado al final de su viaje. Ahora solo debían esperar a que pasara el invierno. Entonces podrían iniciar el viaje de regreso al Este.

Capítulo 9
El viaje de regreso

El 23 de marzo de 1806 el Cuerpo emprendió su feliz regreso a casa. Habían pasado casi dos años lejos de sus familias. Ahora, cada milla que recorrieran los acercaría cada vez más al final de su viaje.

Antes, cuando viajaban hacia el oeste, la rápida corriente del río Columbia había acortado el tiempo de viaje. Pero ahora, yendo en dirección este, tenían que remar contra la fuerte corriente. Por eso el viaje fue muy lento. La nieve derretida había aumentado el cauce del río en diez pies y, como llovía todos los días, el río seguía subiendo.

En cierto momento, al pasar por un tramo de rápidos, el Cuerpo no pudo remar. Entonces caminaron por la orilla, arrastrando las canoas. Desde lo alto, los indígenas chinook les arrojaban piedras. También los espiaban por la noche y les robaban parte de los suministros. La situación se puso tan mala que Lewis y Clark ordenaron disparar a cualquier chinook que estuviera robando.

Al mismo tiempo, las condiciones del río Columbia se fueron empeorando. El Cuerpo tuvo que continuar a pie. El 24 de abril de 1806, Lewis y Clark les ordenaron a sus hombres que escondieran o hundieran las canoas. Luego intercambiarían las cosas de valor que aún les quedaba. Por dos ollas, los chinooks les dieron diez caballos de carga.

Después de reunirse con sus viejos amigos, los walla walla, los hombres del Cuerpo recibieron veintitrés caballos más. Hicieron una fiesta y todos bailaron, hasta Pomp, que ya había empezado a

caminar. Era un niño alegre, y cada vez que hacía algo por primera vez todos se sentían muy orgullosos, como si fuera de su familia. De todos, Clark era el que estaba más embobado con el niño. Lo llamaba "Pompito" o "mi pequeño bailarín".

Pomp se enfermó; tuvo fiebre alta y mucho dolor de garganta. Sacagawea nunca se alejó de él temiendo que muriera. Clark, que siempre estaba a su lado, le dio la medicina que Lewis había traído

de Filadelfia. ¡Y funcionó! Aunque su recuperación fue lenta, Pomp se mejoró.

Entre las tribus se corrió la voz de que el capitán Clark podía curar a los enfermos, y formaron fila para tratarse. Le pagaban con raíces, bayas, perros y caballos, y todo era bien recibido por Clark.

La nieve de fines de mayo bloqueó las montañas Rocosas. Los caciques nez percé les recomendaron

a Lewis y Clark que no siguieran viaje hasta que la nieve del sendero Lolo, en las montañas Bitterroot, se derritiera. Pero Lewis, Clark y sus hombres no querían esperar. Dejaron el campamento el 15 de junio. Gracias a los nez percé, cada hombre del Cuerpo montaba un caballo y dirigía otro de carga. Pero el peso de los caballos rompía la capa congelada de nieve. Debajo de esa capa, la nieve tenía una profundidad de entre doce y quince pies. Cuando

Lewis y Clark se dieron cuenta de que no había pasto para los caballos, le pidieron al Cuerpo que se regresara.

Nueve días después, salieron de nuevo. Ahora la capa de hielo resistía el peso de los caballos. Ya el 29 de junio habían llegado a las aguas termales del sendero Lolo. De los géiseres salían borbotones de agua caliente; esa agua caliente les ayudaba a calmar los dolores musculares y de la espalda. ¡Qué regalo

del cielo! Todos sonreían, especialmente Pomp.
¡Pero qué difícil era salir del agua calentita y volver
a meterse en la nieve!

En solo seis días, los guías nez percé los habían
llevado por 150 millas de nieve profunda. Para re-
cuperar fuerzas, el Cuerpo descansó al costado de
un afluente del río Bitterroot, en un campamento
ubicado en lo que hoy es Montana. Habían parado
allí en septiembre de 1805, cuando iban hacia el Pacífico y le habían puesto al campamento el nombre

de Descanso para Viajeros. Esos días de descanso les sirvieron para recuperarse.

El 3 de julio, Lewis y Clark dividieron el Cuerpo para explorar. Lewis llevó a Seaman y a nueve hombres a caballo hacia el norte, en una ruta a lo largo del río Missouri. Clark, Sacagawea, Pomp, Charbonneau, York y dieciocho hombres más, con cuarenta y nueve caballos, fueron hacia el sur, montando a caballo por la orilla del río Yellowstone.

Llegaron una vez más a tierras shoshones. Saca-gawea llevó al grupo de Clark a un espacio entre las montañas. Dijo que era un atajo para llegar al viejo Campamento de la Suerte. El 8 de julio llegaron al campamento. Meses antes habían hundido sus canoas y enterrado comida, suministros y tabaco en ese lugar. Todo seguía allí. Mientras los soldados reparaban las canoas, Sacagawea sacaba raíces para comer. Dos días más tarde, después de juntar todo, continuaron el viaje.

Capítulo 10
Contratiempos

Poco después, el grupo de Clark llegó al río Jefferson. Una mitad cabalgaba y la otra iba en canoa, sin perderse de vista entre sí. El 13 de julio llegaron al punto donde confluyen tres ríos en el nacimiento del Missouri. Clark, Sacagawea, Pomp, Charbonneau, York y ocho hombres más fueron por el río Yellowstone con cuarenta y nueve caballos. Los otros diez hombres siguieron en canoa por el río Missouri para encontrarse con Lewis.

Los guías nez percé regresaron a su aldea y Sacagawea retomó el rol de guía. Señaló otro atajo y un claro entre las montañas. Sin problemas, Sacagawea dirigió al grupo de Clark por más de cuarenta millas.

El siguiente tramo del viaje era el río Yellowstone. El 25 de julio vieron un alto peñasco de arenisca,

al que Clark denominó Torre de Pompy, y que más tarde pasaría a llamarse Pilar de Pompy. Tenía unos 150 pies de altura y su base abarcaba dos acres. En el peñasco, Clark talló: *W. Clark* y *25 de julio de 1806*. Hasta hoy, su firma y la fecha permanecen allí.

Después de cuatro días de cabalgata hubo otro inconveniente. Los indígenas crows les robaron veinticuatro caballos buenos. Clark les ordenó a cuatro de sus hombres que montaran a los mejores caballos que quedaban y fueran al fuerte Mandan. Iban a avisar que el grupo de Clark estaba por llegar.

A partir de entonces, Clark, Sacagawea, Pomp, Charbonneau y el resto de los hombres siguieron viaje por el río Yellowstone en las canoas que se habían reparado. Ayudados por la fuerte corriente del río hacia el este, ganaron tiempo.

Lewis se iba a encontrar con Clark en el punto en que el río Yellowstone se junta con el Missouri. Cuando Clark llegó, Lewis no estaba y fueron atacados... ¡por mosquitos! Clark le dejó una nota a Lewis y todos escaparon de los mosquitos, continuando el viaje por el río Missouri. La nota de Clark decía que se encontraría con Lewis en las Grandes Cataratas.

Días después, los cuatro soldados que habían salido para el fuerte Mandan se encontraron con Clark, Charbonneau, Sacagawea y Pomp. Habían viajado por el río esperando encontrarse con Clark. Como los indígenas les habían robado los caballos, tuvieron que matar alces y bisontes, y con su piel estirada en armazones circulares construyeron lo que los indígenas llamaban "botes de toro". Cuando las pieles se secaban, esas canoas podían transportar a un gran número de personas.

Mientras el grupo de Clark iba hacia el sur por el río Missouri, Lewis y tres soldados se dirigieron hacia el norte para buscar la piragua roja. La encontraron en muy malas condiciones; no se podía usar. Entonces, la dejaron allí y siguieron a caballo.

Les habían advertido que estaban en el peligroso territorio de los indígenas pies negros. Una noche, los pies negros les robaron siete caballos. Jefferson les había dado la orden de no matar a ningún indígena. Pero cuando los pies negros trataron de

robarles también las armas, comenzó la batalla. Un soldado mató a un pie negro con un cuchillo. Lewis mató a otro de un disparo.

Lewis y sus tres hombres abandonaron el territorio de los pies negros inmediatamente. Los cuatro cabalgaron a toda velocidad por cien millas, hasta las Grandes Cataratas. Allí encontraron la piragua blanca que habían escondido un año antes.

El 11 de agosto, Lewis y sus hombres avanzaron por el río Missouri para encontrarse con Clark. En el camino, Lewis y otro hombre pararon a cazar alces. Fueron en distintas direcciones. El otro hombre tenía problemas de visión y le disparó a lo que él creyó que era un alce. Pero no lo era. ¡La bala había dado en el trasero de Lewis!

Aunque Lewis apenas podía caminar, él y sus hombres se reencontraron con Clark. Los dos grupos habían estado separados por cuarenta días. ¡Cuarenta días! A pesar del gran dolor que tenía,

Lewis se sentía más feliz que nunca al ver el rostro sonriente de William Clark. Fue un reencuentro feliz para ambos capitanes.

Capítulo 11
La llegada a casa

Lewis, Clark y el Cuerpo continuaron el viaje juntos por el río Missouri, como habían empezado. El 23 de septiembre de 1806 llegaron a un campamento cerca de San Luis, donde habían pasado el invierno de 1803-1804 antes de iniciar el viaje. Los colonos se sorprendieron al verlos. La mayoría de los estadounidenses habían perdido las esperanzas de volverlos a ver con vida. Pero estaban vivos y fueron recibidos como héroes. Clark escribió: "Dejamos que nuestros hombres dispararan su armas como saludo al pueblo".

Sacagawea era uno de los héroes. Había rescatado los papeles, notas y muestras científicas de Clark del agua cuando la piragua se había volcado.

También había servido de traductora cuando Lewis y Clark negociaban los caballos con los

shoshones. Además había guiado al Cuerpo durante muchas millas por la tierra que había conocido de niña.

Sacagawea sabía qué plantas eran venenosas y cuáles se podían comer. Las bayas y las frutas que recogía mantuvieron fuertes a los hombres. Sacagawea había remendado los pantalones y las camisas de los hombres, y les había hecho mocasines con piel de animales. Y la presencia de Sacagawea, una joven madre con su bebé, había servido para indicarles a los indígenas que el Cuerpo del Descubrimiento era un grupo pacífico. Quizás lo más importante de todo era que ella y Pomp les habían dado a los soldados la calidez de un hogar y una familia. Su sola presencia era del agrado de todos.

Tiempo después, Clark le escribió a Charbonneau diciéndole que su esposa "merecía una recompensa mayor de lo que le pudieron dar en aquel momento por la atención y servicios prestados".

Cuando Lewis y Clark volvieron a reunirse con el presidente Jefferson, le contaron que vieron casi doscientas plantas desconocidas para los científicos estadounidenses. También le describieron más de 120 animales desconocidos hasta entonces: bisontes, muflones, osos pardos, perritos de las praderas, cabras de montaña, coyotes, liebres americanas, puercoespines, antílopes americanos, serpientes toro, gaviotines, cisnes trompeteros, carpinteros de Lewis, truchas arcoíris y muchos más.

¿Qué pasó con Sacagawea, Charbonnaeu y Pomp?

El 14 de agosto de 1806, en el viaje de regreso, el Cuerpo llegó a la aldea Mandan. Era el momento de que Sacagawea se despidiera de los hombres con quienes había estado viajando por casi dos años. Aunque Charbonneau recibió 500 dólares y 320 acres de tierra por haber servido de intérprete, a Sacagawea no se le pagó nada por su valiosa participación en la expedición. En 1809, Charbonneau se mudó con su familia a San Luis, donde también vivía Clark. Poco después, Charbonneau y Sacagawea decidieron volver a subir por el río Missouri. Entonces Charbonneau le vendió su tierra a Clark por 100 dólares y empezó a trabajar en la Compañía de Pieles de Missouri. Pomp se quedó en San Luis con Clark, para estudiar. Luego viajó a Europa con un príncipe alemán para después regresar a la frontera.

Charbonneau y Sacagawea vivieron en lo que hoy es Dakota del Sur, y allí Sacagawea se enfermó y murió el 20 de diciembre de 1812, a los veinticinco años. Fue poco después de haber dado a luz a su hija Lisette. Se sabe muy poco de la vida de Lisette, excepto que fue adoptada por Clark, junto con Pomp. Charbonneau vivió hasta los ochenta años pero no se sabe dónde ni cuándo murió. Pomp murió de neumonía a los sesenta y un años, mientras viajaba de California a Montana.

Lewis y Clark habían aprendido mucho sobre las diferentes tribus del Oeste. Decían palabras y frases de los indígenas. Describían las ropas, ceremonias y forma de vida de las tribus. Informaron con qué tribus se llevaron bien y con cuáles no.

A Jefferson le disgustó que el Cuerpo no hubiera descubierto una ruta fluvial al océano Pacífico. Pero en veintiocho meses, su expedición había recorrido unas ocho mil millas, ida y vuelta. Habían sobrevivido en un terreno salvaje donde ningún hombre blanco había estado antes. Lo que había logrado la expedición era sorprendente.

Los exploradores habían recolectado todo tipo de información científica. A pesar de la presencia de los indígenas, Estados Unidos podía decir que sus extensas tierras llegaban hasta el Oeste.

Con el tiempo, miles de familias pioneras estadounidenses iniciaron el mismo recorrido de la expedición hacia el oeste, en busca de una nueva vida. Con la esperanza de hacerse ricos, muchos comerciantes, tramperos, cazadores y exploradores

también se dirigieron al oeste siguiendo los mapas exactos y detallados de Clark. Jefferson felicitó a los capitanes por su éxito: "Nadie había realizado antes un evento semejante que le haya dado tanta alegría a Estados Unidos".

La Expedición de Lewis y Clark cambió la cara del Oeste estadounidense para siempre.

Línea cronológica de la Expedición de Lewis y Clark

1803	La Compra de Luisiana aumenta el tamaño de Estados Unidos a más del doble. El presidente Tomás Jefferson designa a Meriwether Lewis para dirigir el Viaje del Descubrimiento, luego conocido como la Expedición de Lewis y Clark.
May. 1804	El Cuerpo del Descubrimiento sale de San Luis hacia el Oeste.
Ago. 1804	El sargento Charles Floyd muere de apendicitis.
Nov. 1804	Se construye el fuerte Mandan en lo que hoy es Dakota del Norte.
Feb. 1805	Toussaint Charbonneau y Sacagawea se unen al Cuerpo. Sacagawea da a luz a un niño, Jean Baptiste (apodado Pomp).
Abr. 1805	Algunos hombres del Cuerpo regresan para entregar un cargamento a Jefferson e informar sobre los hallazgos de la expedición.
Jun. 1805	Descubren las Grandes Cataratas en el río Missouri.
Ago. 1805	Lewis y sus hombres consiguen caballos con la tribu de los shoshones.
Sep. 1805	El Cuerpo enfrenta el desafío de cruzar las montañas Bitterroot.
Nov. 1805	El Cuerpo ve el océano Pacífico.
Dic. 1805	Se construye el fuerte Clatsop en lo que hoy es Oregón.
Mar. 1806	El Cuerpo emprende su viaje de regreso al este.
May. 1806	Lewis y Clark detienen el viaje por la nieve que bloquea las montañas Rocosas.
Sep. 1806	Lewis, Clark y el Cuerpo llegan a San Luis, donde son recibidos como héroes.

Línea cronológica del mundo

La capital de Estados Unidos pasa de ser Filadelfia — **1800**
a Washington D.C.

John y Abigail Adams se mudan a la Casa Blanca.

Tomás Jefferson se convierte en el tercer presidente — **1801**
de Estados Unidos.

Se abre la Academia Militar de EE. UU. en West Point, — **1802**
Nueva York.

Beethoven comienza a escribir su tercera sinfonía. — **1804**

El vicepresidente Aaron Burr mata a Alexander Hamilton
en un duelo.

Tomás Jefferson es reelegido presidente.

Napoleón Bonaparte se corona a sí mismo emperador
de Francia.

Napoleón es coronado rey de Italia. — **1805**

Noah Webster publica el primer diccionario de inglés. — **1806**

Robert Fulton inventa el barco de vapor. — **1807**

James Madison es elegido presidente de Estados Unidos. — **1808**

Colección ¿Qué fue...? / ¿Qué es...?

El Álamo	La isla Ellis
La batalla de Gettysburg	La Marcha de Washington
El Día D	El Motín del Té
La Estatua de la Libertad	Pearl Harbor
La expedición de Lewis y Clark	Pompeya
La Fiebre del Oro	El Primer Día de Acción de Gracias
La Gran Depresión	El Tren Clandestino

Colección ¿Quién fue...? / ¿Quién es...?

Albert Einstein	La Madre Teresa
Alexander Graham Bell	Malala Yousafzai
Amelia Earhart	María Antonieta
Ana Frank	Marie Curie
Benjamín Franklin	Mark Twain
Betsy Ross	Nelson Mandela
Fernando de Magallanes	Paul Revere
Franklin Roosevelt	El rey Tut
Harriet Beecher Stowe	Robert E. Lee
Harriet Tubman	Roberto Clemente
Harry Houdini	Rosa Parks
John F. Kennedy	Tomás Jefferson
Los hermanos Wright	Woodrow Wilson
Louis Armstrong	

El presidente Tomás Jefferson

Réplica del *Discovery*, barca a vela utilizada durante la expedición

El río Missouri, a la altura de la represa Hauser, cerca de Helena, Montana

Ilustración de la firma de la Compra de Luisiana

Meriwether Lewis

William Clark

Mapa de la Expedición de Lewis y Clark, hecho en el siglo XIX
con base en la información del diario de William Clark

of small fish which now begin to run and are
taken in great quantities in the Columbia R.
about 40 miles above us by means of skiming
or scooping nets. on this page I have drawn
the likeness of them as large as life; it
as perfect as I can make it with my
pen and will serve to give a
general idea of the fish. the
rays of the fins are boney but
not sharp tho somewhat pointed.
the small fin on the back
next to the tail has no
rays of bone being a
transparent pellicle.
to the gills have
each. those of the
eight each, those
are 20 and 2
that of the back
the fins are of
is of a bleuish
the thin lower
is of a silve=
part. the
behind the
second of
the puple
a silver
and
like

thin mem
the fins ne
eleven rays
abdomen have
of the pinnae an
half formed in fron
has eleven rays. all
a white colour. the back
duskey colour and that of
part of the sides and belay
-ng white. no spots on any
first bone of the gills next
eye is of a bleu cast, and the
a light goald colour nearly white
of the eye is black and the iris of
white. the under jaw exceeds the uper
the mouth opens to great extent, folding
that of the herring. it has no teeth.
the abdomen is obtuse and smooth; in this
differing from the herring, shad anchovy
&c of the Malacapterygious Order & Class
Clupea

Dibujo del diario de Lewis

Ilustración de Lewis y sus hombres
ahuyentando osos pardos

Tipi de la tribu pies negros

Diarios de Lewis y Clark

Escultura de Sacagawea
y Pompy, en el Centro
de Visitantes del
Capitolio, Washington,
D.C.

Pilar de Pompy en Montana

Ilustración de Sacagawea guiando la expedición

Bisonte americano

Réplica moderna del fuerte Mandan

Interior de la réplica del fuerte Mandan

Perritos de las praderas

Grandes Cataratas del río Missouri

Indígenas sioux en Pine Ridge, Dakota del Sur

Representación del siglo XIX de la Expedición de Lewis y Clark

Tumba de William Clark en San Luis, Missouri

Estatua de Lewis y Clark en Seaside, Oregón